w.ingramcontent.com/pod-product-compliance
ning Source LLC
bersburg PA
031552210526
CB00003B/1280
1 9 8 1 3 1 5 2 6 0 *